AF086460

ur

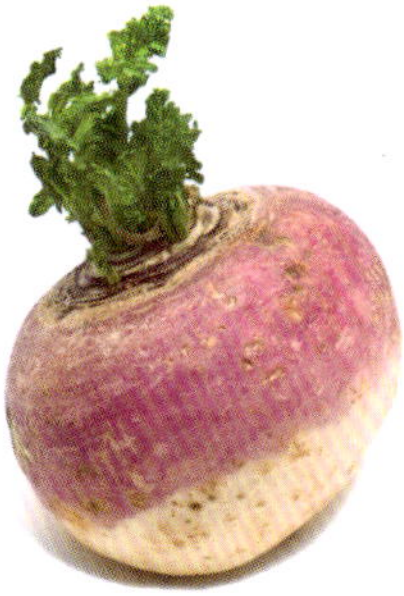

Ransom

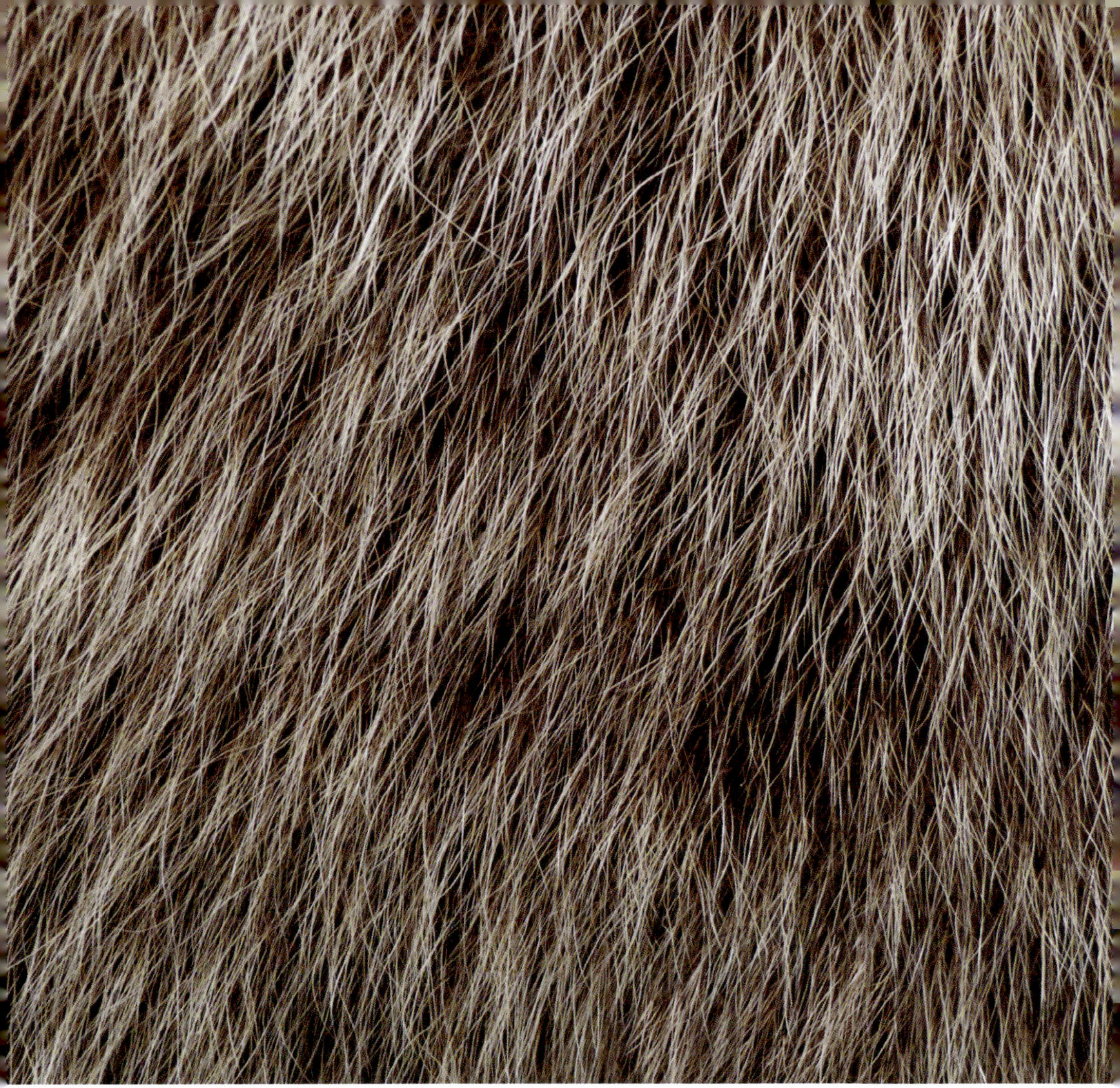

fur

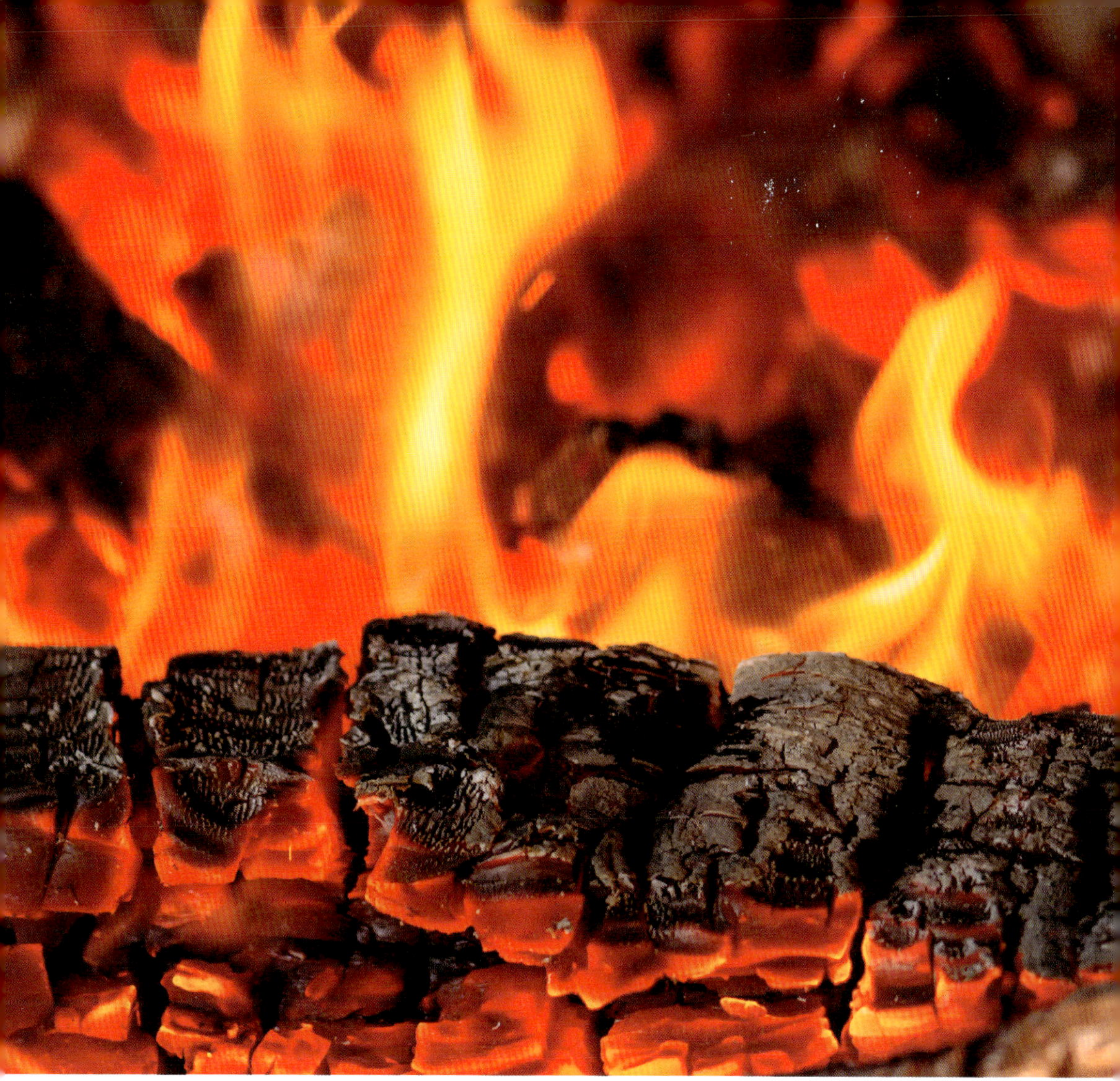

burn

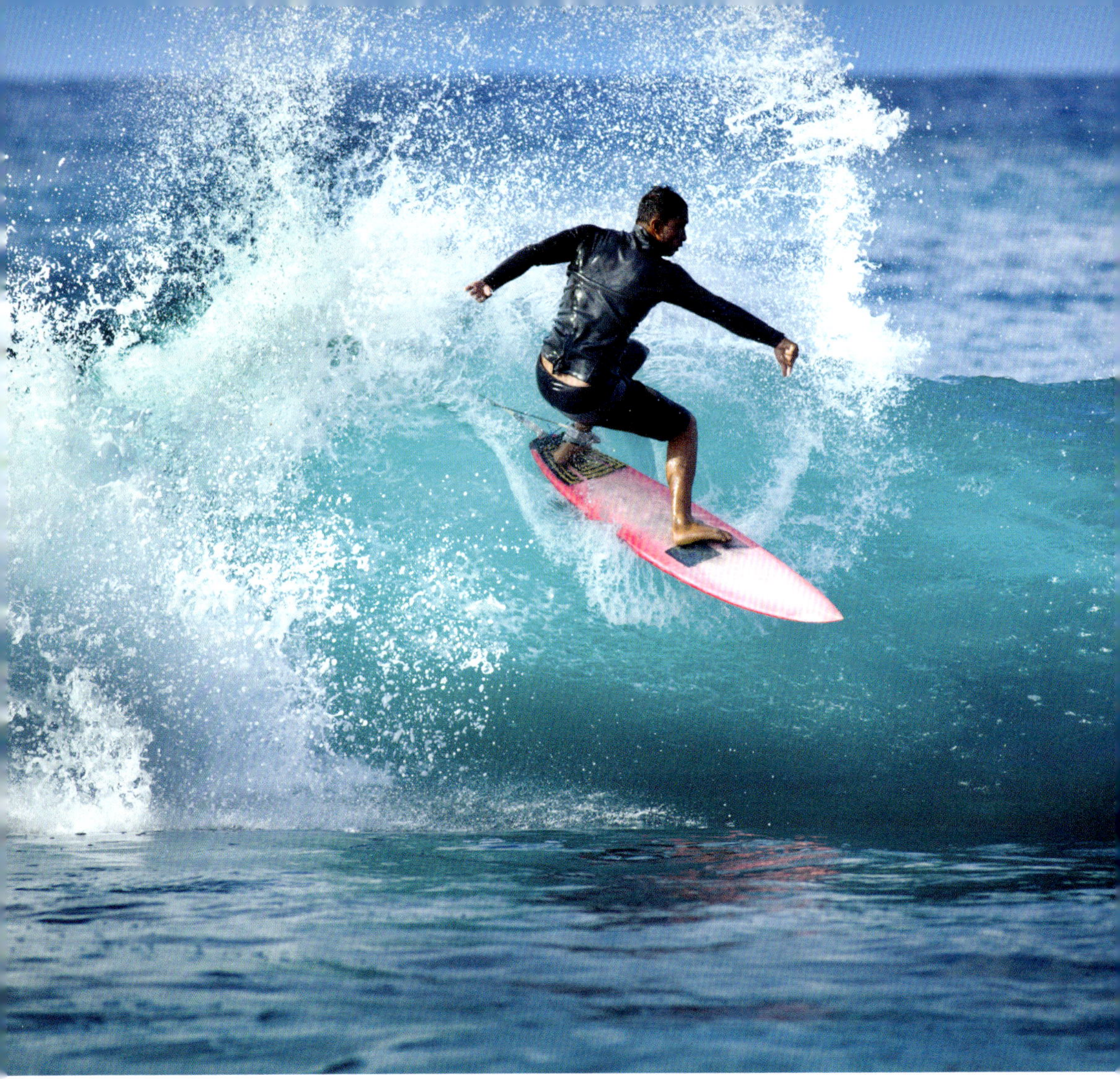

surfing

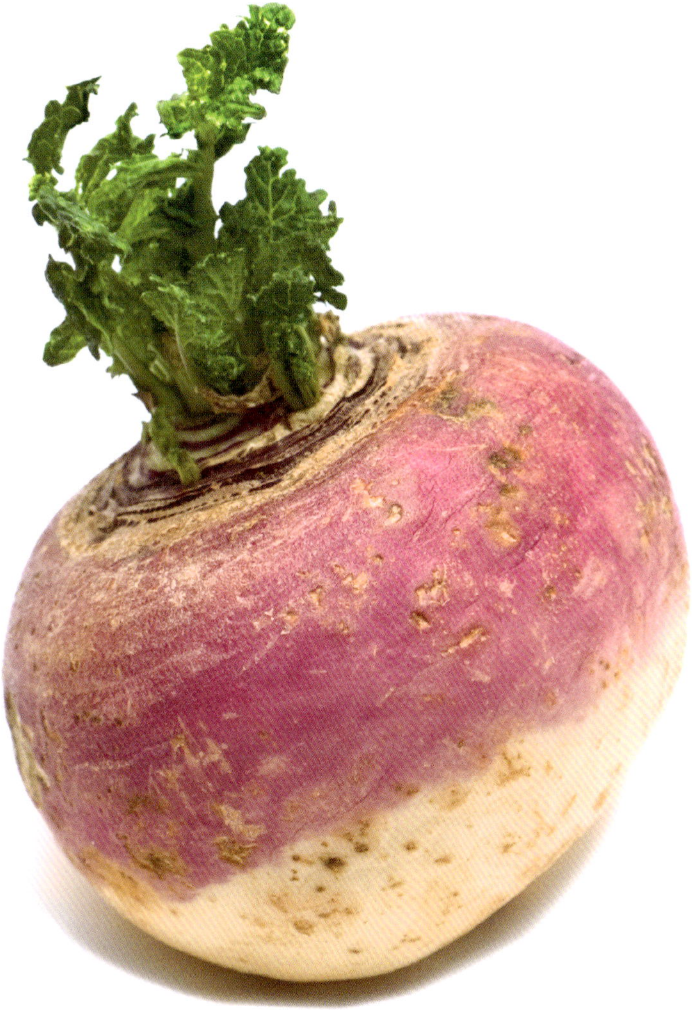

turnip

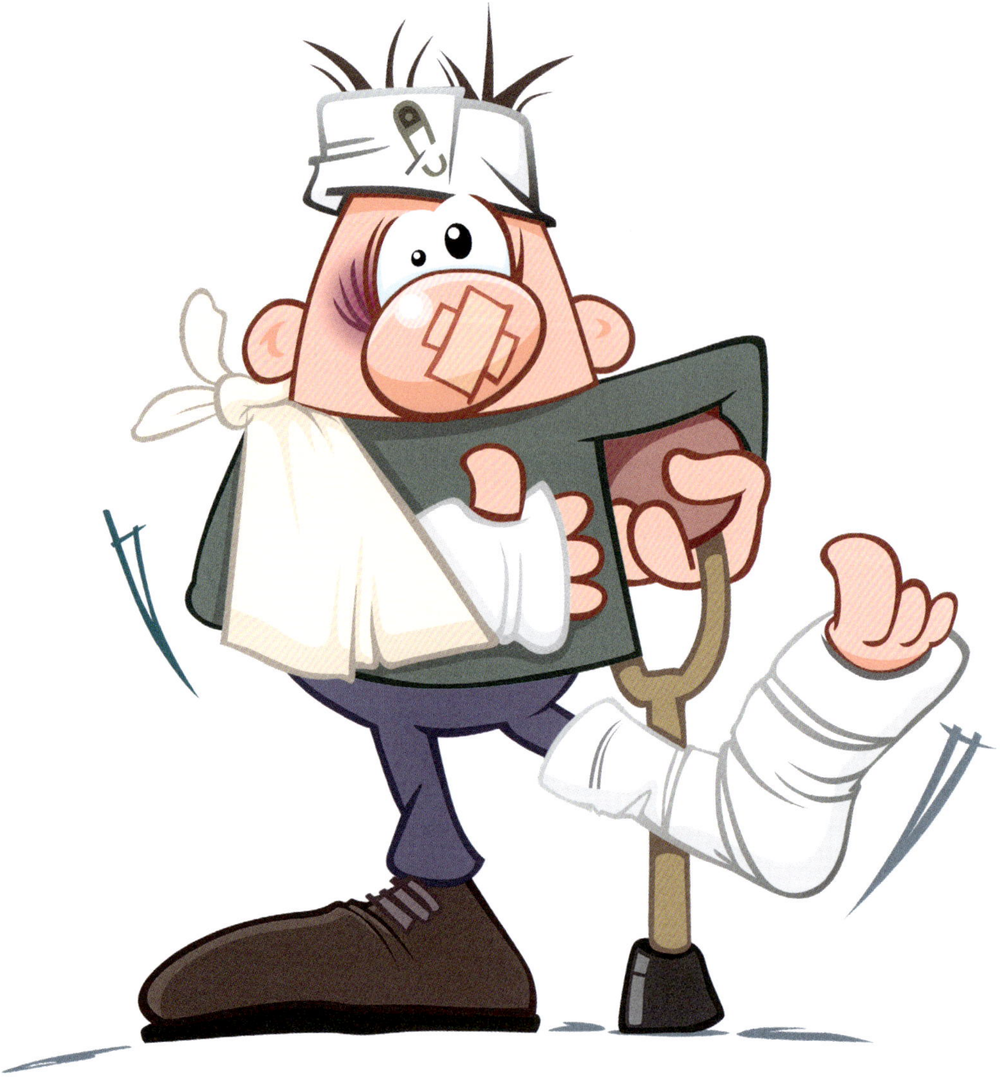

hurt

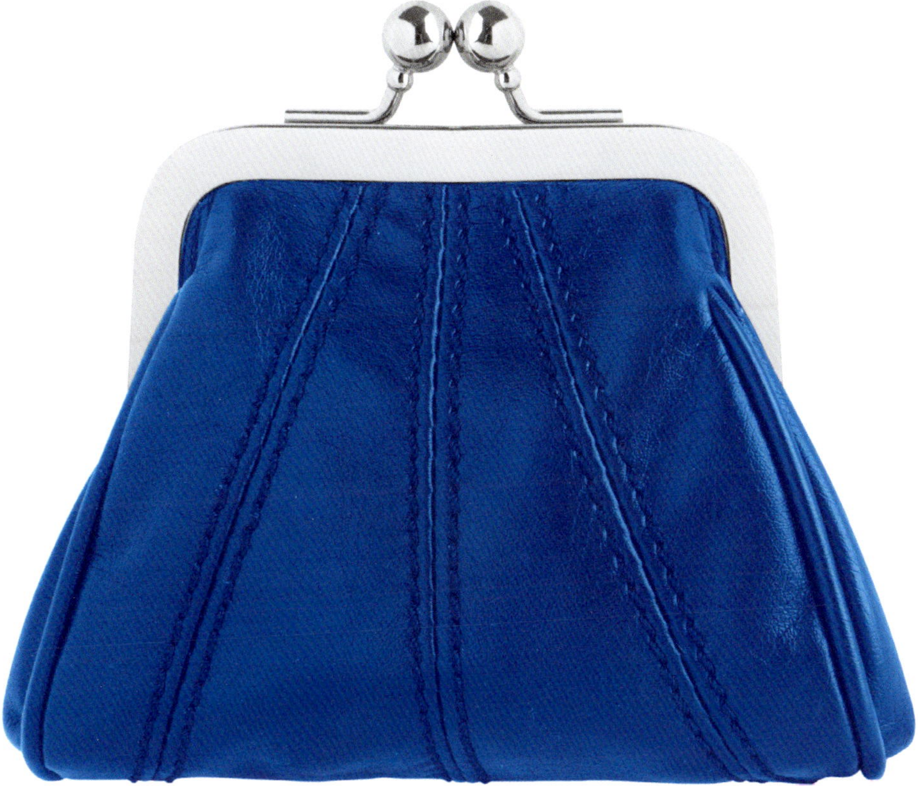

purse

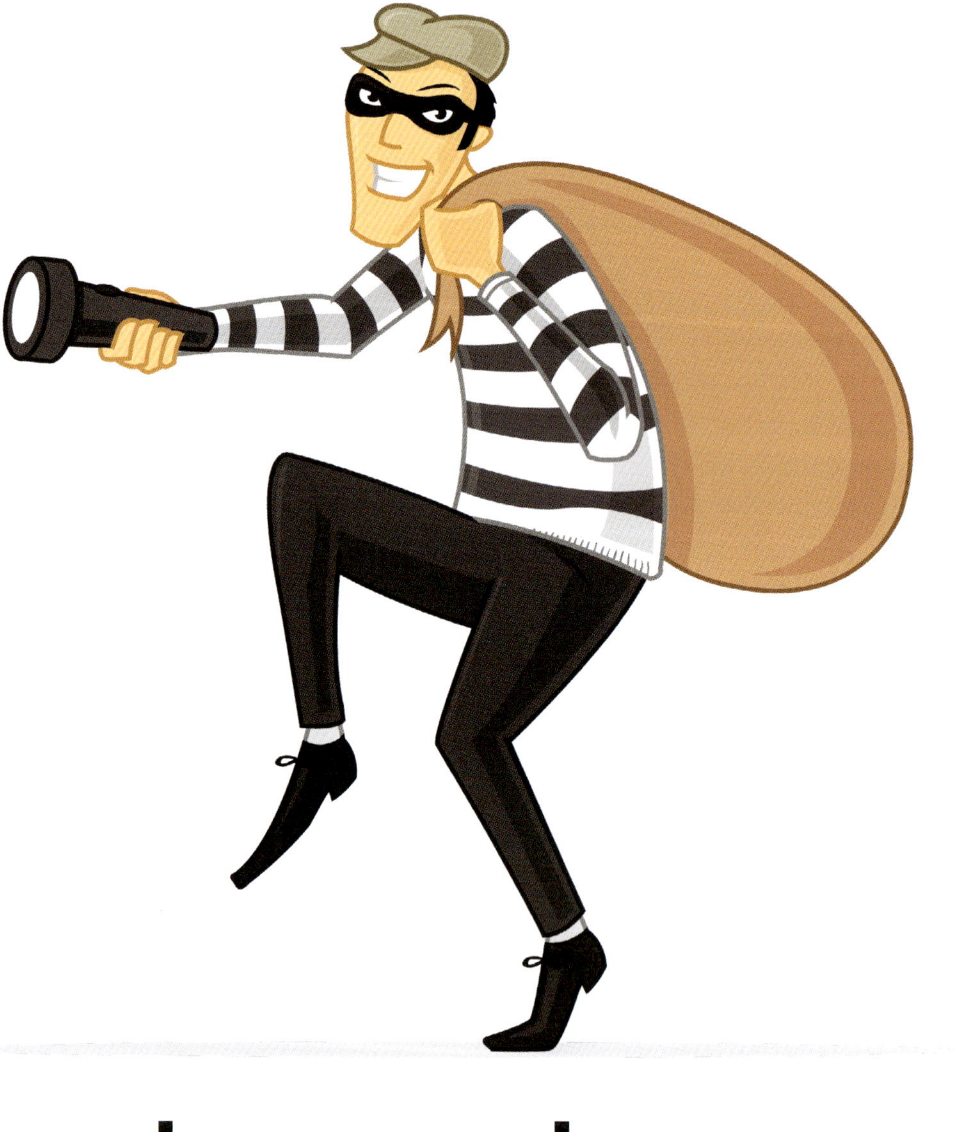

burglar

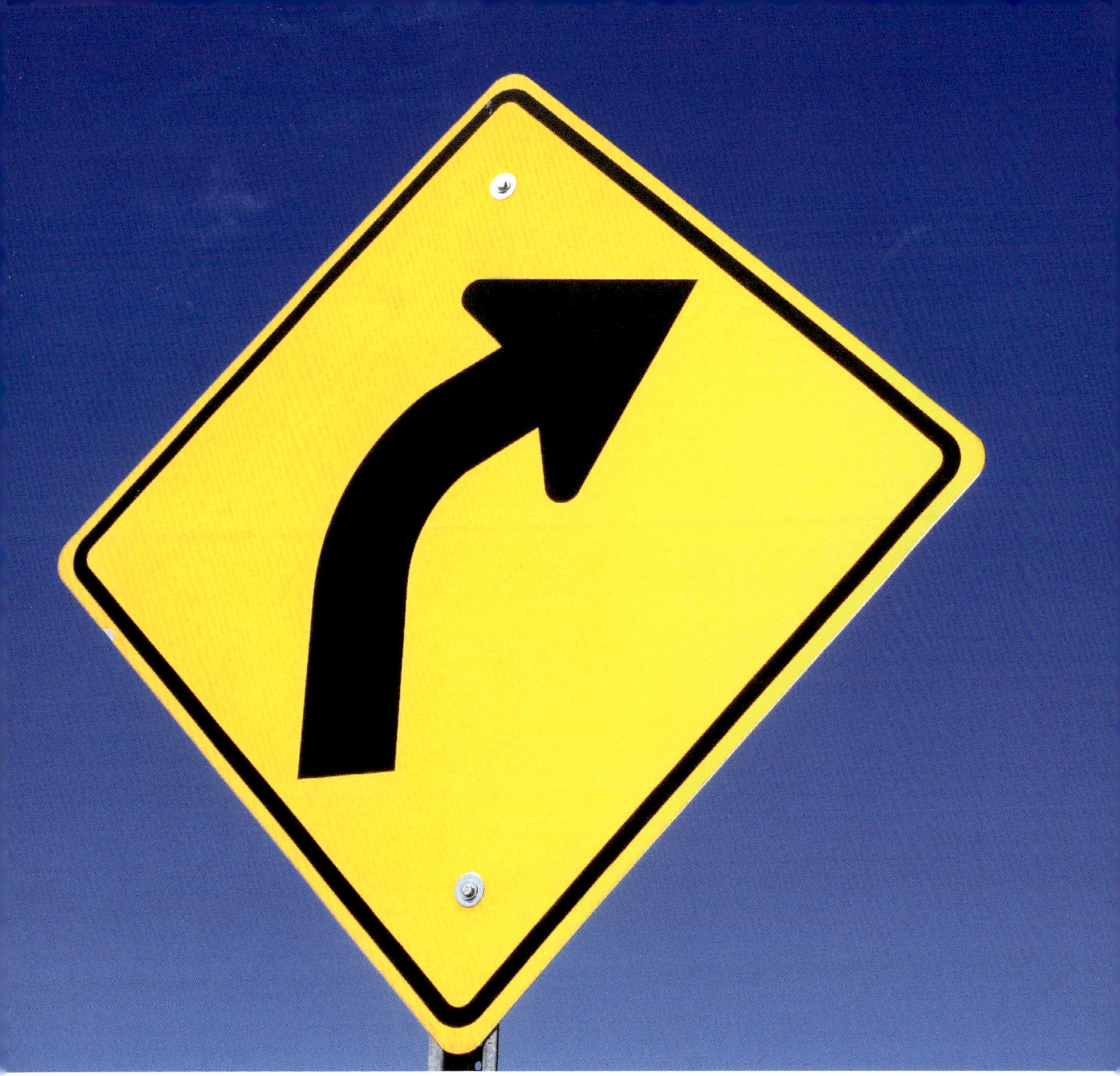

turn

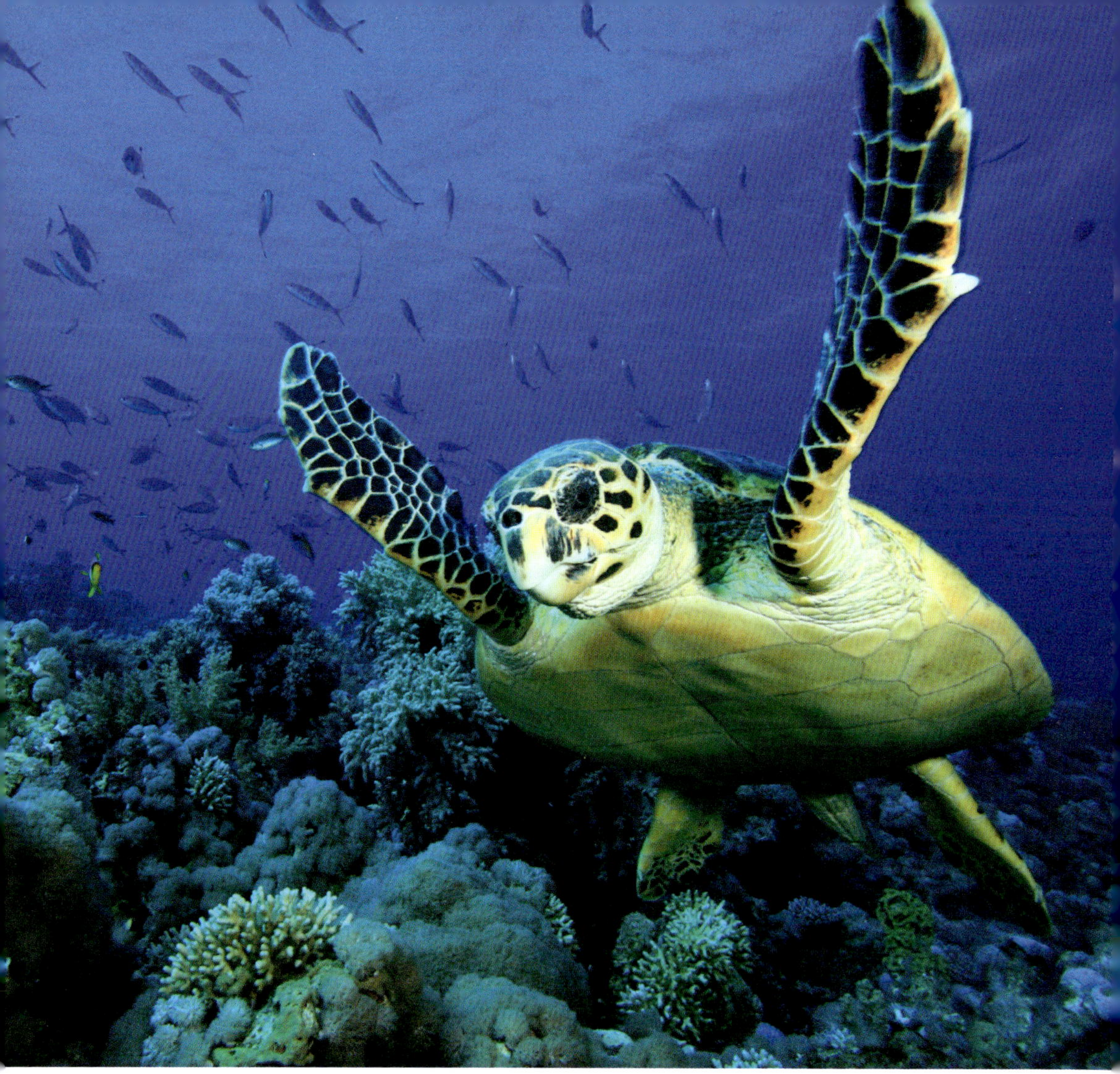

ur ur

ur ur

ur

fur

burn

surfing

turnip

hurt

purse

burglar

turn